RHYTHMUS&NOTATION
FÜRSCHLAGZEUG

Die vollständige Anleitung zum Rhythmuslesen und zum Schlagzeug

KEV O'SHEA

FUNDAMENTALCHANGES

Rhythmus und Notation für Schlagzeug

Die vollständige Anleitung zum Rhythmuslesen und zum Schlagzeug

ISBN: 978-1-78933-194-3

Veröffentlicht von **www.fundamental-changes.com**

Urheberrecht © 2020 Kev O'Shea

Das moralische Recht dieses Autors wurde geltend gemacht.

www.fundamental-changes.com

Für über 350 kostenlose Gitarrenstunden mit Videos schau auf

www.fundamental-changes.com

Coverbild Copyright: Shutterstock Oleksandr Nagaiets

Inhalte

Erster Teil: Notation und Notenwerte

Einführung

Viele Musiker lernen ein Instrument zu spielen, ohne die Grundlagen des Notenlesens zu kennen. Zwar ist das Erlernen des Notenlesens nicht unbedingt erforderlich, aber es gibt viele eindeutige Vorteile. Beispielsweise können komplexe Konzepte ausgedrückt und verstanden werden, ohne dass man spielen oder zuhören muss. Das Verstehen von geschriebener Musik ist ein weiteres wichtiges Kommunikationsmittel.

Dieses Buch deckt die wesentlichen Punkte ab, die man beim Lesen von Rhythmus am Schlagzeug wissen muss. Als Schlagzeuger ist der Rhythmus sehr wichtig, und wenn man erst einmal die grundlegenden Notenwerte im Griff hat, wird alles andere ganz selbstverständlich.

Die Musik für alle Instrumente ist in einem Liniensystem notiert:

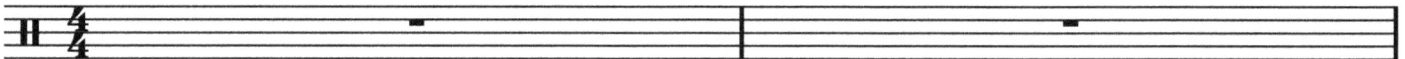

Das Notensystem ist der Ort, an dem wir die Schlagzeugnotation platzieren und es besteht aus fünf geraden Linien. Am Anfang dieses Notensystems wirst du ein „ ‖ „ Symbol bemerken. Dies ist ein Schlagzeug- oder *Percussion*-Schlüssel. Schlüssel geben an, in welchem Instrument oder in welcher Tonart ein Musikstück geschrieben ist, aber in der Schlagzeugnotation wird manchmal gar kein Schlüssel verwendet.

Noten können *auf* den Linien, *zwischen* den Linien oder sogar *oberhalb und unterhalb* des Notensystems platziert werden.

Jede Zeile oder jeder Zwischenraum stellt eine einzelne Trommel dar.

Auf der folgenden Seite siehst du ein Beispiel für einen „*Drum Key*". Dieser Drum Key zeigt gängige Beispiele, wo wir beim Schreiben Trommeln platzieren.

Verschiedene Schlagzeugbücher verwenden oft unterschiedliche Drum Keys. Ärgere dich nicht über kleine Unterschiede, denn normalerweise wird alles mit dem Kontext und der Erfahrung klar.

Drum Key

Die Symbole, die für die Notation von Trommeln und Becken verwendet werden, können von einem Musikstück zum anderen variieren. Hier ist ein Beispiel für eine Anleitung zum Lesen des Notensystems:

Notenwerte

Die folgenden Beispiele zeigen unterschiedlich lange Noten. Eine Note kann von der Länge eines Taktes bis zu einem Bruchteil eines Taktes reichen. Diese Beispiele sind in der Taktart „4/4", was bedeutet, dass es vier 1/4-Notenschläge in jedem Takt gibt. Wir werden die Taktangaben später noch viel detaillierter untersuchen.

Jedes Beispiel ist in zwei Takte aufgeteilt. Der erste Takt zeigt jeden Notenwert an und der zweite Balken zeigt den entsprechenden „Pause"-Wert an. Die Pausen zeigen einfach die Stille an, oder wann *nicht* gespielt werden soll.

Eine ganze Note, gefolgt von einer ganzen Pause:

Zwei halbe Noten, gefolgt von zwei halben Pausen:

1/4-Noten gefolgt von 1/4-Pausen:

1/8-Noten gefolgt von 1/8-Pausen und 1/4-Pausen:

Dieses Beispiel zeigt 1/16tel Noten und ihre entsprechenden Pausen:

1/32-Noten und Pausen:

1/64-Noten und Pausen:

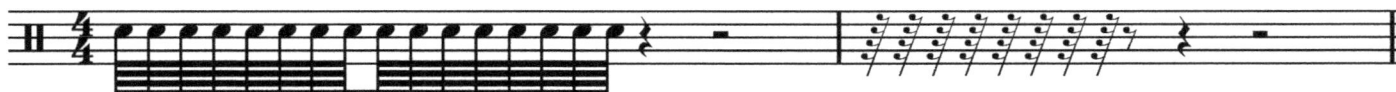

Musiknotation ist mathematischer Natur. Eine ganze Note ist doppelt so lang wie eine halbe Note. Eine halbe Note ist doppelt so lang wie eine 1/4-Note. Dieses Muster setzt sich fort und gibt uns eine Reihe von kleineren Einheiten mit unterschiedlichen Notenwerten.

Es sind diese Notenwerte, die uns helfen, Musik in der geschriebenen Form zu definieren.

Für jeden Notenwert gibt es einen entsprechenden Pausen-Wert. Pausen werden verwendet, um die Perioden der Stille in der Musik anzuzeigen.

Bevor wir weitermachen, untersuchen wir jede Note und die entsprechende Pause. Mach dich mit ihnen und ihren Unterschieden vertraut. Du wirst feststellen, dass die 1/8-Note aus einem ausgefüllten schwarzen Notenkopf, Notenhals und Fähnchen besteht. Das entsprechende Bild zeigt zwei 1/8-Noten, die durch ihre Fähnchen miteinander verbunden sind. Die 1/8-Pause hat ebenfalls ein Fähnchen und sieht wie die Zahl „7" aus.

Wenn du die 1/16-, 1/32- und 1/64-Noten anschaust, kannst du sehen, wie zusätzliche Fähnchen hinzugefügt werden, um den Notenwert anzuzeigen. Diese Fähnchen sind entscheidend für das Verständnis der Notenlänge in der Musiknotation.

Taktangaben

Die Taktart ist einer der wichtigsten Aspekte beim Lesen von Musik. Taktangaben werden so ausgesprochen, wie sie geschrieben werden, also:

3/4 ist „drei-viertel".

9/8 ist „neun-achtel".

21/16 ist „einundzwanzig-sechzehntel".

Die Zahl auf der Unterseite bezieht sich auf die Art der zu zählenden Schläge. Die Zahl oben bezieht sich darauf, wie viele dieser Schläge es pro Takt gibt.

Nehmen wir **4/4** als Beispiel. Die oberste Zahl sagt uns, dass es vier Schläge im Takt gibt. Die untere Zahl sagt uns, dass jeder Schlag eine „1/4-Note" ist.

Diese 1/4-Note bezieht sich normalerweise auf die Metronom-BPM-Einstellungen (Beats per Minute), die wir auf den Notenblättern sehen. Die 1/4-Note ist der Grundschlag eines Songs. Es ist die Referenz, auf die sich jeder andere Notenwert bezieht.

Eine bpm-Einstellung von 60 bedeutet „60 **B**eats **P**er **M**inute" - ein Schlag pro Sekunde. Lass uns die Mathematik anschauen, die mit den Notenwerten zu tun hat.

Jede 1/4-Note ist gleich lang wie zwei 1/8-Noten:

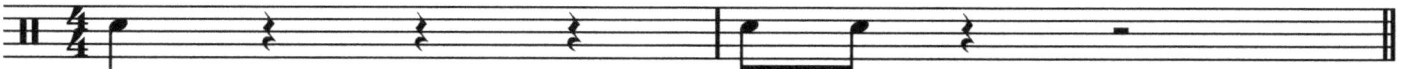

Beachte, dass im ersten Takt auf die 1/4-Note drei 1/4-Pausen folgen. Im zweiten Takt folgen auf die beiden 1/8-Noten eine 1/4-Pause *und* eine halbe Pause.

Jede 1/8-Note wird durch einen Notenkopf, einen Notenhals und *ein* Fähnchen repräsentiert. Im obigen Beispiel sind die beiden 1/8-Noten-Fähnchen miteinander verbunden.

Verbinde niemals einen 1/8-Noten-Fähnchen mit einer 1/4-Note, da sonst die 1/4 wie eine 1/8-Note aussieht.

Wenn die 1/4-Note (bei 60 bpm) einmal pro Sekunde gespielt wird, dann werden die 1/8-Noten *zweimal* pro Sekunde gespielt.

1/4-Note = jede Sekunde gespielt

1/8-Note = jede halbe Sekunde gespielt

Probiere es selbst. Tippe mit dem Fuß zu einem Metronom, das auf 60 bpm eingestellt ist, oder wenn du kein Metronom hast, verwende den Sekundenzeiger einer Uhr als Referenz. Der Sekundenzeiger tickt natürlich 60 Mal pro Minute.

Abb. 1

Durch einmal Tippen pro Sekunde wird die 1/4-Note bei 60 bpm definiert. Durch die Verdoppelung der Geschwindigkeit des Tippens erzeugen wir 1/8-Noten.

Abb. 2

Die 1/4-Note ist ebenfalls gleich lang wie vier 1/16-Noten:

Abb. 3

Jede 1/16-Note wird durch einen Notenkopf, einen Notenhals und *zwei* Fähnchen repräsentiert. Wenn 1/16-Noten hintereinander gespielt werden, werden diese Fähnchen auch zu Balken zusammengefügt. Wenn du eine lange Sequenz von 1/16-Noten hast, werden diese normalerweise in Vierergruppen aufgeteilt. Dies erleichtert das Lesen und zeigt, wo der 1/4-Grundschlag ist.

Wie bei 1/8-Noten darfst du niemals ein 1/16-Noten-Fähnchen mit einer 1/4-Note verbinden. Ein Fähnchen verändert den Wert der 1/4-Note.

Du kannst jedoch 1/16- und 1/8-Noten verbinden:

Abb. 4

Beachte, wie jede 1/8-Note mit zwei 1/16-Noten mit einem Fähnchen verbunden wird. Diese Konvention ist extrem wichtig, wenn wir Musik lesen. Der Hinweis auf den Wert der Note befindet sich immer in dem/den Fähnchen, oder dem Nichtvorhandensein des/der Fähnchen.

Wenn eine 1/4-Note (bei 60 bpm) einmal pro Sekunde gezählt wird, und die 1/8-Noten zweimal pro Sekunde, dann werden 1/16-Noten im Verhältnis von *vier* pro Sekunde gezählt.

Also bei 60 bpm:

1/4-Note = einmal pro Sekunde gespielt

1/8-Note = alle 0,5 Sekunden gespielt

1/16-Noten = alle 0,25 Sekunden gespielt

Hol dir das Audio

Die Audiodateien zu diesem Buch stehen unter www.fundamental-changes.com zum kostenlosen Download zur Verfügung. Der Link befindet sich in der rechten oberen Ecke. Wähle einfach diesen Buchtitel aus dem Drop-Down-Menü aus und folge den Anweisungen, um die Audiodateien zu erhalten.

Wir empfehlen, die Dateien direkt auf deinen Computer und nicht auf dein Tablet herunterzuladen und sie dort zu extrahieren, bevor du sie deiner Medienbibliothek hinzufügst. Du kannst sie dann auf dein Tablet oder deinen iPod ziehen oder auf CD brennen. Auf der Download-Seite gibt es ein Hilfe-PDF und wir bieten auch technische Unterstützung über das Kontaktformular.

www.fundamental-changes.com

Snare-Übung

Stelle dein Metronom auf 60 bpm ein. Dies ist der 1/4-Grundschlag.

Zähle laut, während du jeden Schlag auf deiner Snare (oder dem Tabletop!) spielst. Hör dir das Audiobeispiel an, um zu erfahren, wie das klingen soll.

Beispiel 1a

Als nächstes spielst du 1/8-Noten. Dieser Rhythmus ist doppelt so schnell wie im letzten Beispiel. Für jeden 60-bpm-Puls spielen wir nun *zwei* Noten.

Zähle diese Phrase laut, während du jede 1/8-Note spielst:

Beispiel 1b

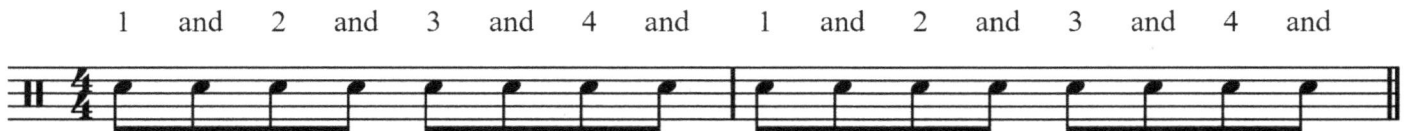

Der 60-bpm-Puls wird durch jede Zahl (1, 2, 3 und 4) angezeigt. Richte dich beim Zählen nach dem Metronom.

Es ist wichtig, dass die 1/8-Zählzeiten jede 1/4-Zählzeit genau in zwei Teile teilt, so dass die 1/8-Noten genau doppelt so schnell gespielt werden wie die 1/4-Noten.

Kombinationen

Als nächstes werden wir uns die Kombination von 1/4-Noten mit 1/8-Noten ansehen. Wenn dein Metronom auf 60 bpm eingestellt ist, zähle mit dem Stück mit:

Beispiel 1c

Jede Zählzeit sollte auf dem Metronom-Klick landen. Die zusätzliche 1/8 (das „und") sollte *genau* zwischen den Schlägen 3 und 4 landen.

Beachte, dass die hinzugefügte 1/8-Note *nicht* mit der 1/4-Note auf Schlag 4 verbunden wird. 1/4-Noten dürfen niemals mit Balken verbunden werden.

Nun ein synkopiertes (Off-Beat) Beispiel, das 1/8-Pausen einführt:

Beispiel 1d

Das „C" am Anfang der Notation ist kurz für *common time* (übliche Taktart), eine andere Art der **4/4-Schreibweise**.

Wir könnten 1/4-Noten verwenden, um den gleichen Rhythmus zu notieren:

Denke daran, dass 1/4-Noten der Länge nach zwei 1/8-Noten entsprechen. Das bedeutet, dass es in diesem Beispiel die gleiche Anzahl von Noten gibt wie im vorherigen Beispiel. Die Noten werden mit dem gleichen Timing wie im letzten Beispiel gespielt. Der einzige Unterschied ist die *Länge* der Noten.

Als Schlagzeuger ist die *Länge* einer Note in der Regel kein Problem, da Schlagzeugklänge viel *Sustain* haben.

Als nächstes werden wir ausschließlich Off-Beats verwenden. Jede Note fällt auf ein „und" zwischen der Zählung 1 2 3 4:

Beispiel 1e

Jeder Schlag landet hier genau zwischen dem Metronom-Impuls. Zähle laut, damit du jede einzelne Note besser timen kannst.

1/16-Noten

Als nächstes werden wir 1/16-Noten spielen. Dieser Rhythmus ist doppelt so schnell wie 1/8-Noten. Das sind vier Noten pro 60-bpm-Puls.

Zähle „1 e und de 2 e und de 3 e und de 4 e und de" laut, während du jede 1/16-Note spielst:

Beispiel 1f

1   e and a   2   e and a   3   e and a   4   e and a   etc.

Es gibt jetzt vier Unterteilungen, um jede 1/16-Note darzustellen: „1", „e", „und", „de".

Synchronisiere dich mit dem Metronom, indem du durchgehend laut mitzählst.

Es ist wichtig, dass die 1/16-Zählzeit jede 1/4-Zählzeit genau in *vier* teilt. Die 1/16-Noten sind genau *doppelt so* schnell wie die 1/8-Noten.

Als nächstes ein Beispiel mit 1/8- und 1/16-Noten. Zähle wieder laut mit dem Metronom mit:

Beispiel 1g

1   and   2   and a   3   and   4   and   1   and   2   and a   3   and   4   and

Schau dir Takt 2 an. Er setzt sich aus einer 1/8- und zwei 1/16-Noten zusammen. Normalerweise wird eine Gruppe von vier aufeinander folgenden 1/16-Noten gezählt:

„1 e und de"

oder

„ 2 e und de" etc.

In diesem Beispiel ist es nicht notwendig, die zweite 1/16-Note - das „e" - zu zählen. Die 1/8-Note dauert für die Dauer der ersten beiden 1/16-Noten („2 e"), was folgendes ergibt:

„ 2 und de"

Mit einem Beispiel wie diesem kannst du das „e" *schweigend* zählen:

Beispiel 1h

1   and   a   2   and   a   3   and   a   4   and   a   etc.

Es ist wichtig, die verschiedenen Kombinationen von 1/8- und 1/16-Noten zu erkennen und zu wissen, wie sie gezählt werden.

Mit dem Metronom bei 60 bpm klopfe bei den nächsten Beispielen mit:

Beispiel 1i

1   e   and   a   2   3   4   1   e   and   a   2   3   4

Beispiel 1j

1   e   and   2   3   4   1   e   and   2   3   4

Beispiel 1k

1   and   a   2   3   4   1   and   a   2   3   4

Beispiel 1l

Beispiel 1m

Im nächsten Beispiel vermeiden wir das Spielen von „Down-Beats" (1, 2, 3 und 4). Zähle jeden Schlag laut, während du den notierten Rhythmus klopfst.

Beispiel 1n

Punktierte Noten

Schau dir die folgende 1/4-Note an und achte auf den kleinen Punkt hinter dem Notenkopf:

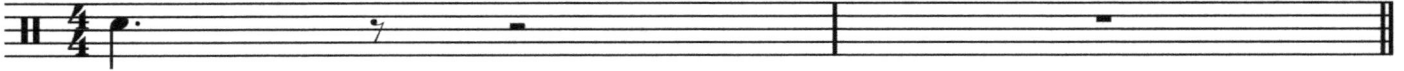

Die Anweisung, die uns der Punkt gibt, *erhöht den Wert der geschriebenen Note um die Hälfte.*

Eine 1/4-Note hat die gleiche Dauer von zwei 1/8-Noten, so dass eine *punktierte 1/4-Note* der Länge von *drei* 1/8-Noten entspricht.

Punktierte Noten vs. Pausen

Da sich Schlagzeuger in der Regel keine Gedanken über die Länge einer bestimmten Note machen müssen, können wir Musik auf viele Arten notieren. Wir können *lange Noten* oder *kurze Noten mit Pausen* verwenden.

Dies kann zum Beispiel gezählt werden:

Beispiel 1o

Die erste Note ist eine punktierte 1/4-Note, sie dauert also die Länge von drei 1/8-Noten.

Manchmal werden punktierte Noten in der Schlagzeugnotation verwendet. Ansonsten können sie durch Pausen ersetzt werden.

Schauen Sie sich das folgende Beispiel an, das zwei 1/8-Noten-Pausen verwendet und ein ähnliches Muster spielt:

Für einen Schlagzeuger gibt es keinen Unterschied im Spiel der beiden vorherigen Beispiele. Das liegt daran, dass das Sustain (die Länge der Note) beim Schlagzeugspielen oft keine Rolle spielt.

Das nächste Beispiel ist wieder identisch für Schlagzeuger:

Der Takt beginnt mit einer 1/4-Note plus einer 1/8-Pause. Dies entspricht wiederum drei 1/8-Noten oder einer punktierten 1/4-Note.

Punktierte 1/8-Noten

Schauen wir uns punktierte 1/8-Noten an. Durch Addition der Hälfte des Wertes wird die *punktierte 1/8-Note* gleich der Länge von *drei 1/16-Noten* (1/8-Note + 1/16-Note).

Beachte im folgenden Beispiel, wie auf die erste Note (eine punktierte 1/8-Note) eine 1/16-Note folgt. Die punktierte 1/8-Note entspricht dem Wert von drei 1/16-Noten und die folgende Pause vervollständigt den Schlag 1.

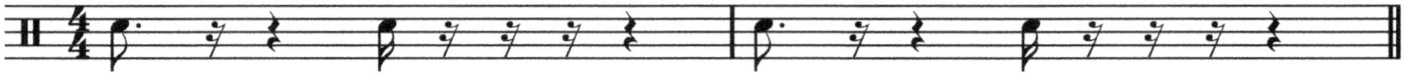

Schlag 2 ist eine 1/4-Noten-Pause. Schlag 3 ist eine 1/16-Note, gefolgt von drei 1/16-Pausen. Schließlich zeigt der Schlag 4 eine 1/4-Pause.

Auf dem Schlagzeug klingt eine punktierte 1/8-Note genauso wie eine 1/16-Note, gefolgt von einer 1/8-Pause. Beide haben den Wert von drei 1/16-Noten.

Da die Notenlänge in der grundlegenden Schlagzeug-Notation keine große Rolle spielt, können wir Pausen einsetzen, wann immer es uns passt. Die Entscheidung für die Verwendung von Pausen beruht oft auf der Beibehaltung eines sauberen und klaren Erscheinungsbildes der Notenschrift. Zu viele Pausen können einen Schlagzeug-Part unübersichtlich und verwirrend machen.

Allerdings können die Becken sehr lange gehalten werden, wenn du also nach einem Beckenschlag eine Pause siehst, solltest du darauf achten, dass du das Becken nur für die angegebene Zeit klingen lässt.

Einführung Schlagzeug-Beats

Lass uns das, was wir wissen, benutzen, um zu lernen, wie sich ein grundlegender Rockgroove auf dem Schlagzeug um einen 4/4 Takt bei 60 bpm aufbaut. Jeder Takt enthält vier 1/4-Notenschläge. Zuerst fügen wir die Bassdrum und die Snare hinzu:

Zähle laut und spiele die folgenden Ideen.

Beispiel 1p

Die erste Zählzeit erfolgt auf der Bassdrum und die zweite auf der Snare. Dieses Pattern wiederholt sich auf den Schlägen 3 und 4.

Die Notenhälse können je nach Übersichtlichkeit nach oben oder unten zeigen. In den meisten Fällen wird die Trommelnotation nach oben zeigen, um mit den Hi-Hats/ Becken oben im Notensystem zusammenzupassen.

Füge eine zusätzliche Bassdrum zum „und" von Schlag 3 hinzu. Zähle mit:

Beispiel 1q

Als nächstes kommt die Hi-Hat. Die Hi-Hat spielt 1/8-Noten. Achte genau darauf, wie die Fähnchen der 1/8-Noten zusammenhängen.

Die 1/8-Hi-Hats werden wie folgt gezählt:

Beispiel 1r

Betone den Puls auf den Schlägen 1, 2, 3 und 4, während du die 1/8-Noten dazwischen zählst.

Dieser Rhythmus kann auf verschiedene Weise notiert werden. Man kann z.B. alle Fähnchen nach oben legen, so dass sie sich oberhalb des Notensystems zu Balken zusammenfügen:

Im obigen Beispiel wurde jeder Bassdrum- und Snare-Schlag als 1/8-Note geschrieben und alle haben nun ein **Fähnchen**. Aus der Perspektive eines Schlagzeugers gibt es keinen Unterschied in der Art und Weise, wie die beiden oben genannten Beispiele gespielt werden.

Als nächstes werden wir zum Spielen von 1/16-Noten auf der Hi-Hat wechseln. Jede 1/16-Note enthält *zwei Fähnchen*, die sich miteinander verbinden. Denke daran, dass in jedem 1/4-Takt vier 1/16-Noten enthalten sind.

Wir zählen 1/16-Noten als:

1   e and a   2   e and a   3   e and a   4   e and a   etc.

Nun setzt du diese 1/16-Noten in den Drumbeat.

Achte genau darauf, wo die Bassdrum und die Snare landen sollen:

Beispiel 1s

1   e and a   2   e and a   3   e and a   4   e and a   etc.

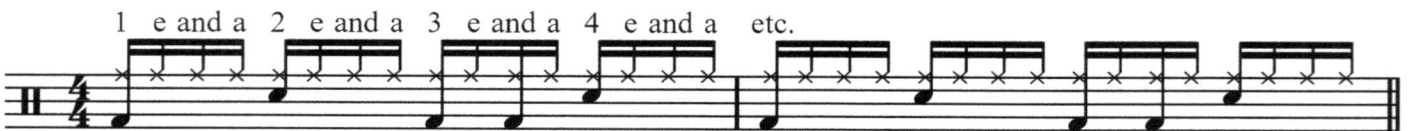

Nun wollen wir einige Kombinationen ausprobieren, die eine Synkopierung (Off-Beat-Spiel) zwischen der Bassdrum und der Hi-Hat beinhalten:

Beispiel 1t

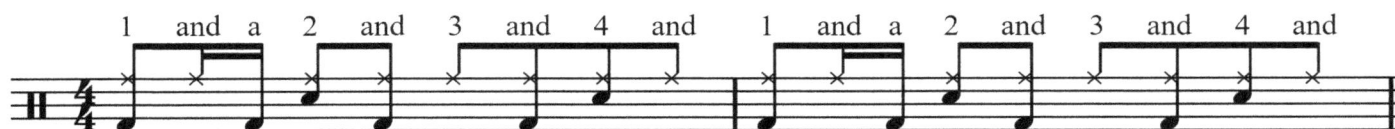

Wir könnten die Becken sowohl oben als auch unten und das Schlagzeug wie folgt notieren:

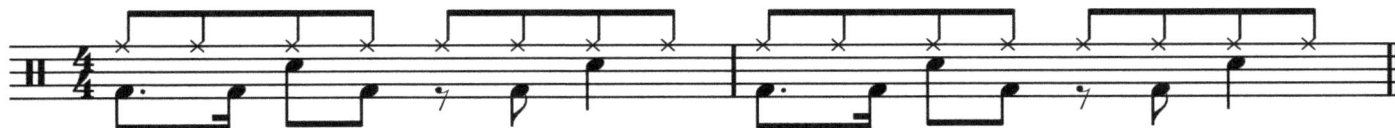

Die Hi-Hat spielt ein einfaches Pattern auf jeder 1/8-Note:

„*1* und *2* und *3* und *4* und"

Die Bassdrum und die Snare sind etwas kniffliger. In diesem Beispiel werden sie getrennt von der Hi-Hat notiert. Die Bassdrum spielt die folgenden <u>unterstrichenen</u> Zählzeiten:

„*1* e und *de* 2 e *und* de 3 e *und* de 4 e und de"

Die Snare spielt nur auf „2" und „4":

„*1* e und de *2* e und de 3 e und de *4* e und de"

Beides sind legitime Möglichkeiten, den Rhythmus zu interpretieren.

Taktstrich in der Mitte des Taktes

Wenn wir die Schlagzeugnotation im 4/4-Takt schreiben, ist es eine gute Übung, die Verbindung von Schlag 2 zu Takt 3 zu vermeiden, um komplexe Stücke leichter lesen zu können. Die Regel ist, immer den Abstand zwischen Schlag 2 und Schlag 3 zu zeigen, wenn man in 4/4 spielt.

Hier ist ein Beispiel für eine schlecht geschriebene Schlagzeugpartitur:

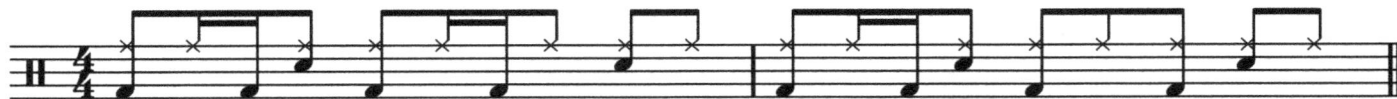

Die 1/8-Noten-Gruppierungen sind in Gruppen von drei, drei und zwei unterteilt. Die zweite Gruppierung beginnt auf der vierten Hi-Hat. Diese Zählzeit ist das „und" von Schlag 2. Die 1/8-Note verbindet sich mit Schlag 3 - ein Anfängerfehler.

Der Mittelpunkt eines 4/4-Taktes ist der Schlag 3, wobei der Schlag 3 *nie* mit dem vorherigen Schlag zusammengefügt werden sollte.

So sollte der obige Rhythmus notiert werden:

Der Takt ist sauber in zwei Hälften geteilt. Die offensichtliche Darstellung des Mittelpunkts des Taktes erleichtert das Lesen der Musik.

Im **4/4** kann man Schlag **1** mit Schlag **2,** und Schlag **3** mit Schlag **4,** aber niemals Schlag **2** mit Schlag **3** verbinden.

Haltebögen

Wenn du ein Symbol über oder unter einem Notenkopf wie diesem siehst:

Dann sagt dies dem Musiker, dass er eine Note an die nächste „binden" soll. Mit anderen Worten, halte die erste Note für die Länge der beiden Noten zusammen.

Du hast vielleicht ein %-Symbol im zweiten Takt bemerkt. Dieses Symbol bedeutet „Wiederholung des vorherigen Taktes".

Haltebögen sind wichtig für Instrumente, die Töne halten können, wie Gitarre oder Trompete, aber für einen Schlagzeuger haben sie oft wenig Relevanz. Trotzdem ist es wichtig, Haltebögen lesen zu können, da viele Lehrbücher immer noch mit Haltebögen arbeiten.

Diesen Takt auf der Snare zu spielen:

Beispiel 1u

Ist das Äquivalent zum Spielen von folgendem:

Der Haltebogen im ersten Beispiel liegt auf dem „de" von Schlag 3. Er knüpft an die erste Note des 4. Schlags an, was bei einem Instrument mit definierbarer Tonhöhe ein Signal wäre, die Note für die Länge von zwei 1/16-Noten zu halten. Beim Schlagzeug spielen wir einfach die gebundene zweite Note als Pause.

Warum sich also überhaupt die Mühe machen, etwas über Haltebögen zu lernen? Nun, stell dir vor, du liest die Melodie eines Liedes und du musst jede Note in einer bestimmten Passage betonen. Diese Technik ist sehr verbreitet, besonders im Jazz.

Viele Melodien enthalten Haltebögen, und manchmal reichen sie sogar von einem Takt zum nächsten. In bestimmten Fällen kannst du mehrere Haltebögen finden, wie unten dargestellt:

In diesem Fall wird nur die *erste* Note der gebundenen Gruppe gespielt (das „und" des 4. Schlages). Sie wird bis zum Ende der zweiten Note in Takt zwei gehalten.

Viele Bücher für Snare und Stickkontrolle verwenden Haltebögen, mach dich also mit ihnen vertraut.

Nun lass uns alles, was wir in Teil 1 behandelt haben, noch einmal anschauen.

Revision 1

Spiele die folgende Rhythmusübung durch. Du kannst dies auf einem Tabletop, einer Snare oder sogar auf verschiedenen Trommeln deines Drumsets spielen.

Bei 60 bpm spiele mit einer Hand

Bei 120 bpm spiele mit beiden Händen abwechselnd

Beispiel 1v

Teil Zwei: Komplexe Taktarten

3/4

Wir haben uns grundlegende Rockbeats im **4/4-Takt** angeschaut. Nun werden wir einige komplexere Taktarten untersuchen.

3/4 ist eine oft verwendete Taktart. Sie lautet wörtlich übersetzt „drei 1/4-Notenschläge pro Takt".

Das mag verwirrend erscheinen; drei 1/4?! Wo ist das andere 1/4?

Denke daran, dass Musiknotation viele hundert Jahre zurückreicht. Wenn wir die Regeln heute neu definieren würden, würden wir möglicherweise eine andere Terminologie verwenden.

Behandle die 1/4-Note lediglich als Bezeichnung für den „Puls" und nicht als eine strenge Form der mathematischen Division. 3/4 bedeutet, dass wir drei Impulse oder „Schläge" pro Takt haben werden.

Hier ist ein Beispiel für einen 3/4-Rockbeat:

Beispiel 2a

Beachte, wie jede Gruppe von Fähnchen jeden der drei Schläge im Takt abgrenzt.

9/8

9/8 ist eine interessante Taktart und kann helfen, einige der Anomalien zu erklären, die beim Lesen von Musik auftreten.

Wie du erraten kannst, bezieht sich **9/8** auf neun 1/8-Noten in einem Takt. Diese 1/8-Noten werden nun zu Zählzeiten, genau wie die 1/4-Noten in früheren Beispielen die Zählzeiten waren.

„1, 2, 3, 4, 5, 6, 7, 8, 9"

In diesem Beispiel mag es so aussehen, als gäbe es keinen Unterschied zwischen **9/8** und **9/4**, und bis zu einem gewissen Grad ist das auch wahr. Der Unterschied bei **9/8** ist, dass wir die 1/8-Noten flexibel gruppieren können.

Zum Beispiel besteht **9/8** *normalerweise* aus drei Gruppen von 3:

*„**1**, 2, 3, **4**, 5, 6, **7**, 8, 9"*

Ich habe die hervorgehobenen Zählungen unterstrichen und **fett** gemacht. Taktarten, die auf diese Weise als Dreiergruppen aufgeteilt sind, werden allgemein als *zusammengesetzte* Taktarten bezeichnet.

So könnte ein zusammengesetzter **9/8**-Takt notiert werden:

Beispiel 2b

Die Platzierung der Fähnchen auf diese Weise ist optional. Beachte, dass die letzte Snare eine punktierte 1/4-Note ist. Dies dauert für die Länge von drei 1/8-Noten (7, 8 & 9).

Die Gruppierung der 1/8-Noten in Dreiergruppen erleichtert dem Musiker die Lesbarkeit und diktiert das gewünschte Spielgefühl.

Bpm-Hinweise können die 1/8-Note oder eine punktierte 1/4-Note verwenden, um dir zu zeigen, wie der Puls zu zählen ist.

Die folgenden bpm-Hinweise zeigen das gleiche Tempo an, da die Länge von **drei** 1/8-Noten **einer** punktierten 1/4-Note entspricht.

♩. = 60 Bpm   ♪ = 180 Bpm

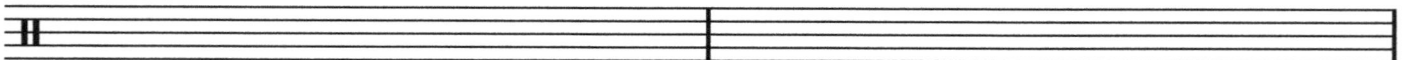

Um dies in Aktion zu spüren, stelle dein Metronom auf 180 bpm ein. Es wird drei Klicks pro Sekunde spielen. Der Metronomklick repräsentiert nun den Puls - in diesem Fall die 1/8-Note. Versuche nun, das Metronom auf 60 einzustellen und drei Noten pro Klick zu zählen. Du zählst nun die 1/8-Noten, während das Metronom den punktierten 1/4-Notenschlag klickt.

Lass uns ein paar 1/16- Noten im **9/8**-Takt einführen:

Beispiel 2c

Jede 1/8-Note hat den Wert von zwei 1/16-Noten. In diesem Fall zählen wir Gruppen von 1/16-Noten als „ *1 de* " oder „ *1 und* ", etc.

9/8 könnte auch wie folgt gezählt werden:

Beispiel 2d

Das sieht genauso aus wie ein Rockbeat im **4/4-Takt**, aber mit einer zusätzlichen 1/8-Note am Ende. Statt in Dreiergruppen sind die 1/8-Noten nun eine Mischung aus Zweier- und Dreiergruppen.

Wie du sehen kannst, besteht das Snare- und Bassdrum-Pattern aus drei 1/4-Noten und einer punktierten 1/4 Note.

Drei 1/4-Noten (sechs 1/8-Noten)

+

Eine punktierte 1/4-Note (drei 1/8-Noten)

=

*neun 1/8-Noten (**9/8**)*

Wenn du eine Taktart mit einer „8" unten siehst, bedeutet das meistens, dass die Gruppierungen in Dreiergruppen aufgeteilt werden. Wenn du unten eine „4" siehst, sind die Gruppierungen meistens gerade.

9/8 klingt am häufigsten nach drei Dreiergruppen. 12/8 klingt meist wie vier Dreiergruppen.

Additive Taktarten

Additive Taktarten werden manchmal verwendet, wenn in einem Musikstück weitere Klarheit benötigt wird. Das folgende Beispiel einer additiven Taktart zeigt uns, wie **8/8** notiert werden könnte:

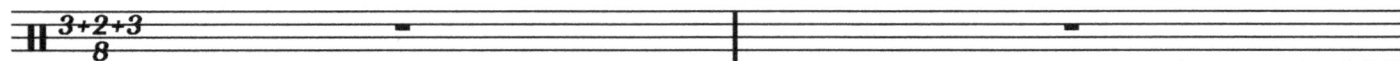

$$3 + 2 + 3$$

$$/ 8$$

8/8 ist eine seltene Taktart und entspricht der Dauer eines **4/4-Takts**. Wenn wir die Taktart als 8/8 schreiben, können wir sehen, wie der Komponist wünscht, dass wir die Taktunterteilungen fühlen.

Oftmals ist das Gefühl nicht sofort klar, wenn man eine Taktart wie **9/8** oder **7/8** sieht. Du musst dir ansehen, wie die Noten gruppiert sind, um zu sehen, wie der Puls gespielt werden soll. In bestimmten Fällen kann sich das Gefühl sogar von Takt zu Takt ändern.

Hier sind Beispiele für zwei unterschiedliche **7/8**-Feelings:

Beispiel 2e

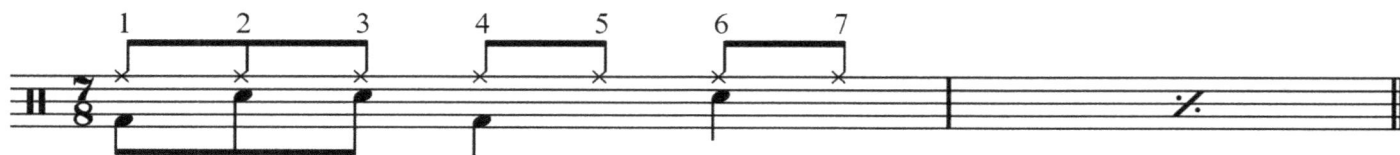

Beispiel 2f

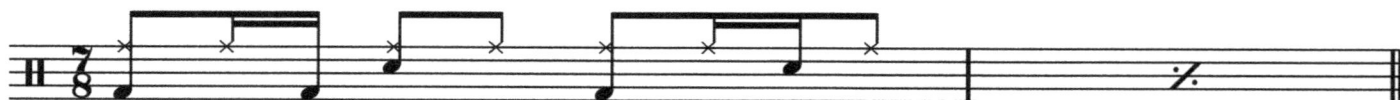

Im ersten Beispiel wird **7/8** in Gruppen von 3, 2 und 2 unterteilt.

Im zweiten Beispiel wird **7/8** in die Gruppen 2, 2 und 3 eingeteilt.

7/8 und andere „ungerade" Taktarten wie **5/4** werden manchmal als *komplexe* Taktarten bezeichnet.

Taktarten geben uns einen grundlegenden Rahmen, in dem wir spielen können. Konzepte wie „Feeling" werden durch die Gruppierung der Noten selbst deutlich gemacht, weshalb additive Taktangaben sinnvoll sind.

Taktarten größer als /8

Taktarten mit **/16** sind in der Regel komplexer als **/8** oder **/4**.

13/16 zum Beispiel kann auf viele Arten unterteilt werden. Hier ist ein Beispiel für einen Takt in **13/16**:

Beispiel 2g

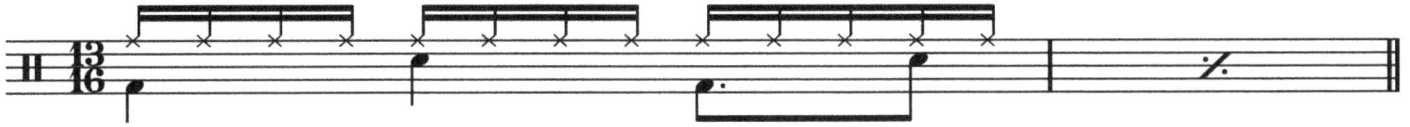

Der Takt wird in Gruppen von 4, 4 und 5 eingeteilt.

Hier ist ein weiteres Beispiel, bei dem Dreiergruppen verwendet werden:

Beispiel 2h

Dieser Takt wird in Gruppen von 3, 3, 3 und 4 eingeteilt.

Taktarten größer als /4

Taktarten mit Noten, die länger als 1/4 sind, sind in der modernen Musik weniger üblich, aber es gelten die gleichen Prinzipien.

3/2 sagt uns, dass der Takt aus drei *halben Noten* besteht. Halbe Noten sind gleich der *doppelten* Länge von 1/4-Noten.

Drei halbe Noten = sechs 1/4-Noten. Nach dieser Logik ist ein Takt von **3/2** genauso lang wie ein Takt von **6/4**.

Die „1" kann auch in Taktarten verwendet werden, wie z.B. in **3/1**. Dies zeigt, dass der Takt aus drei *ganzen Noten* besteht.

Eine ganze Note entspricht vier 1/4-Noten, so dass dieser Takt die Länge von zwölf 1/4-Noten oder **12/4** haben würde.

Mehrfache Taktangabe

In seltenen Fällen wird eine Taktangabe als zwei „gemischte" Taktangaben geschrieben.

Beispiel 2i

Der erste Takt ist eine zusammengesetzte Taktart und in Gruppen von drei 1/8-Noten unterteilt. Der zweite Takt steht in **5/4** mit Betonung der 1/4-Note (alle zwei 1/8-Noten).

Dies ist ein einfacher Weg, dem Interpreten zu sagen, wie er ein komplexes Stück spielen soll. Durch die Platzierung der Metren am Anfang der Takte weiß der Leser, was ihn erwartet. Die Technik der Verwendung von zwei wiederkehrenden Taktarten kann theoretisch alle zwei Takte fortgesetzt werden, sofern nicht anders angegeben.

Mach dich nicht wegen dieser seltenen Fälle verrückt. Als Schlagzeuger werden für dich 99% der Taktangaben, denen du begegnen wirst, entweder **/4**, **/8** oder, sehr selten, **/16** sein.

1/32-Noten

Das Lesen von 1/32-Noten ist ähnlich wie das Lesen von 1/16-Noten. Um ein besseres Gefühl für 1/32-Noten zu entwickeln, spiele die folgende Übung.

Stelle dein Metronom auf 60 bpm und spiele das folgende Pattern mit einer Hand:

Du spielst 1/16-Noten mit 60 bpm. Exakt vier Taps pro Sekunde.

Nun verwendest du auch deine andere Hand, um einen Einzelschlagwirbel (single stroke roll) zu spielen:

Beispiel 2j

Du solltest nun für jeden Metronomklick acht einzelne Noten spielen.

Das sind 1/32-Noten bei 60 bpm.

Also bei 60 Schlägen pro Minute:

1/4-Note = eine Note jede 1 Sekunde

1/8-Note = eine Note alle 0,55 Sekunden

1/16-Noten = eine Note alle 0,25 Sekunden

1/32-Noten = *eine Note alle 0,125 Sekunden - 8 mal pro Sekunde*

Wie im Abschnitt zu Notenwerten im **ersten Teil** gezeigt, haben 1/32-Noten drei Fähnchen. Unten siehst du die Beziehung zwischen 1/32-Noten und 1/16-Noten:

Beispiel 2k

Hier ist ein Drumbeat mit 1/32-Noten auf der Hi-Hat.

Beispiel 2l

Achte genau darauf, wie die Zählzeiten mit den 1/32-Noten-Gruppierungen zusammenhängen.

Als nächstes wechsle zwischen 1/32- und 1/16-Noten auf der Hi-Hat:

Beispiel 2m

Hier können wir die führende Hand („r" in diesem Fall) benutzen, um die 1/16-Noten zu spielen und die 1/32-Noten mit der anderen Hand auszufüllen. Bleibe bei jedem Schlag im Takt des Metronoms.

Beispiel 2n

Beachte, wie sich die 1/32-Noten- und 1/16-Notenfähnchen zueinander verhalten:

Beispiel 2o

Die Notenwerte oben in Takt 1 sind: 1/32, 1/32, 1/16, 1/32, 1/32, 1/16. Diese addieren sich zu einer 1/4-Note.

Beispiel 2p

Die Notenwerte oben in Takt 1 sind: 1/16, 1/32, 1/32, 1/16, 1/32, 1/32.

Beispiel 2q

Die Notenwerte oben in Takt 1 sind: 1/32, 1/16, 1/32, 1/32, 1/16, 1/32 (eine 1/4-Note).

Beachte, dass sich nur **zwei** Fähnchen von der 1/32-Note mit der 1/16-Note verbinden.

Im folgenden Beispiel werden wir Pausen verwenden, um den Unterschied zwischen 1/16 und 1/32 zu zeigen.

1/16-Pausen sind gleich lang wie zwei 1/32-Pausen.

Beispiel 2r

Hör dir das Audiobeispiel an. Du kannst hören, dass tatsächlich der gleiche Rhythmus auf den beiden Schlägen 1 und 2 notiert ist.

1/64-Noten und darüber hinaus...

Es gibt einen logischen Zusammenhang zwischen der Anzahl der Fähnchen einer Note und der Länge der Note.

1/64-Noten sind genau halb so lang wie 1/32-Noten. Jede Note wird durch *vier* Fähnchen dargestellt.

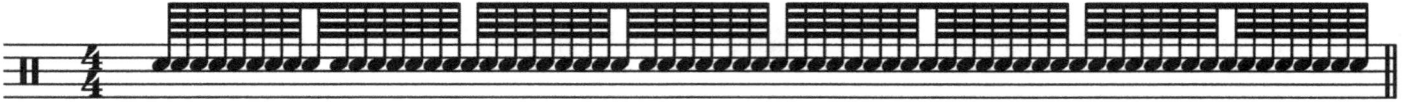

Also bei 60 bpm:

1/4-Note = eine Note pro 1 Sekunde

1/8-Note = eine Note alle 0,5 Sekunden

1/16-Noten = eine Note alle 0,25 Sekunden

1/32-Noten = eine Note alle 0,125 Sekunden

1/64-Noten = *eine Note alle 0,0625 Sekunden - 16 mal pro Sekunde*

1/64-Noten sind in der Schlagzeugnotation selten. Konzentriere dich darauf, dich mit 1/4-Noten, 1/8-Noten und 1/16-Noten vertraut zu machen. Mit der Zeit werden 1/32-Noten leichter zu lesen sein.

Es gibt noch kleinere Einteilungen wie 1/124-Noten (5 Fähnchen, aber diese sind extrem selten. Die Chancen stehen gut, dass du nie ein Musikstück mit einem Notenwert kleiner als 1/64-Noten finden wirst).

Länger als 1/4-Noten

Noten, die länger als 1/4-Noten sind, sind in den meisten Schlagzeugnotationen nicht üblich. Da wir ein Instrument spielen, bei dem langgehaltene Noten selten sind, brauchen wir keine Notenköpfe, die länger als eine 1/4-Note sind.

Es ist jedoch wichtig, den Wert aller **Pausen**, die größer als 1/4 sind, zu lernen.

Zum Beispiel eine punktierte 1/4-Notenpause (die Länge von drei 1/8-Noten):

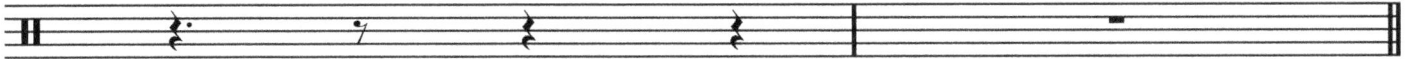

Eine halbe Pause (die Länge von zwei 1/4-Pausen):

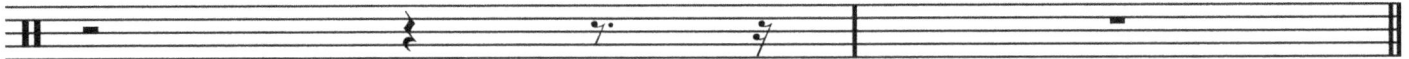

Auf Schlag 4 wirst du eine punktierte 1/8-Pause bemerken, gefolgt von einer ganzen Pause im zweiten Takt.

Shuffle und Swing

Shuffle ist ein Feeling, das viele Schlagzeuger kennen. Hier ist ein Beispiel für einen einfachen Shuffle-Rhythmus.

Beispiel 2s

Die Taktart ist hier **12/8**. Wir werden dies als eine zusammengesetzte Taktart behandeln und die 1/8-Noten in Dreiergruppen einteilen.

Wir spielen eine 1/4-Note + 1/8-Note für das Hi-Hat-Pattern (viermal). Wenn du die Werte zählst, wirst du feststellen, dass sie sich alle zu **zwölf** 1/8-Noten addieren.

Die Bassdrum und die Snare bestehen aus vier punktierten 1/4-Noten, die sich wiederum zu zwölf 1/8-Noten addieren.

Auch ein Shuffle könnte auf diese Weise gezählt werden:

Jede punktierte 1/4 kann als Grundpuls behandelt und gezählt werden. Ein Musikstück kann zum Beispiel Angaben enthalten wie:

Die Anzeige eines Tempos von *drei* 1/8-Noten pro Sekunde.

Shuffles können auch in **4/4** notiert werden:

Beispiel 2t

Die obige Notation sieht wie ein gerader 4/4-Takt aus, aber die Anweisung über dem Notensystem sagt uns, dass wir die 1/8-Noten swingen sollen. Wie du im *Audiobeispiel* 2t hören kannst, ist das Feeling ein Shuffle, ähnlich wie im vorherigen Beispiel in 12/8.

Die Anweisung ist, jede Gruppe von 1/8-Noten triolisch zu behandeln. Beachte, dass diese Gruppe von 1/8-Noten oben eine kleine „3" hat. Dies zeigt an, dass die 1/8-Noten mit einem Triolengefühl gespielt werden sollen.

Außerdem gibt es eine 1/8-Pause zwischen der Triolen-Gruppierung. Das bedeutet, dass du die 1/8-Noten so spielen solltest, als wären sie die *ersten* und *letzten* 1/8 einer Triole, und auf der zweiten pausieren solltest.

Shuffles sind eng mit dem Swing verbunden. Hier ist ein reguläres Jazz-Ride-Pattern, notiert in **12/8**:

Beispiel 2u

Und hier ist es im häufigeren **4/4-Takt** geschrieben:

Beispiel 2v

Wie du vielleicht bemerkt hast, wird Jazz-Swing traditionell in **/4** statt **/8** notiert.

In der frühen amerikanischen Musik wurden viele Stücke in **3/4** oder **4/4** geschrieben. Dies waren übliche Taktarten in der klassischen Musik und wurden oft benutzt, um viele der damaligen Jazzstandards zu schreiben.

Hier ist ein Beispiel für eine Standard-Melodie im **4/4-Takt**:

Diese Melodie mag für ein Instrument mit definierbarer Tonhöhe geschrieben worden sein, aber für Schlagzeuger sieht der Rhythmus unkompliziert aus.

Um ein anderes Feeling zu erzeugen, würden die Interpreten die 1/8-Noten oft *swingen*. Stattdessen wurden „gerade" 1/8-Noten als Triolen gespielt.

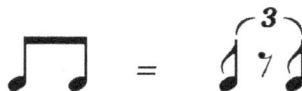

Wenn wir mit Swing spielen, ist die erste 1/8-Note etwas länger als üblich und die zweite 1/8-Note etwas kürzer als üblich.

Das bedeutet, dass die zweite Swing-1/8 einen Bruchteil später gespielt wird, als wenn sie „gerade" gespielt wird. Die zweite 1/8-Note ändert sich konzeptionell von einem halben Schlag auf einen drittel Schlag.

Das Swing-Feeling teilt die 1/4-Note *ungleichmäßig* auf der Basis von Triolen. Dies erklärt zwar den Swing im technischen Sinne, *ist aber keine exakte Wissenschaft.* Jeder Mensch hat sein eigenes Swing-Gefühl und diese Individualität sollte gefördert werden.

Da Schlagzeug-Parts im Laufe der Zeit dokumentiert wurden, wurde das Swing-Pattern in den Lehrbüchern als 1/16-Noten dargestellt...

Beispiel 2w

Das obige Beispiel zeigt das Swing-Pattern als punktierte 1/8-Note plus eine 1/16-Note. Der Swing wird hier durch die ersten und letzten Töne einer Gruppe von **vier** 1/16 dargestellt.

Heutzutage ist es üblicher, Swing zu schreiben, da es sich um Triolen handelt.

Beispiel 2x

Die gleiche Technik können wir auch auf 1/16-Noten anwenden:

Beispiel 2y

Alle zwei 1/16-Noten sollen mit einem Swing-Feeling gespielt werden, wie die 1/8-Noten in früheren Beispielen. Hör dir das Audiobeispiel als Referenz an.

Lass uns die Konzepte noch einmal anschauen, die du im zweiten Teil gelernt hast.

Revision 2

Beispiel 2z

80 Bpm (8th note = 160 Bpm)

Swing 8ths...

Straight 8th note feel...

Straight 16ths...

Swing 16ths...

Teil Drei: Tipps und Terminologie

N-Tolen

In diesem letzten Abschnitt werden wir uns mit den anderen Begriffen und Symbolen beschäftigen, die dir in der notierten Schlagzeugmusik begegnen. Am Ende dieses Kapitels besprechen wir einige Techniken, um eine eigene Notation zu schreiben.

N-Tolen sind beliebig viele zusammen gruppierte Noten. Sie werden durch eine entsprechende Nummer über der Gruppierung angezeigt.

3 = Triolen

Eine Triole ist eine Art N-Tole. Im folgenden Beispiel werden die Schläge 3 und 4 nun als 1/8-Triolen statt als reguläre 1/8-Noten gruppiert. Die gleichen Regeln gelten für N-Tolen-Pausen.

Beispiel 3a

Und jetzt mit zusätzlichen Pausen...

Beispiel 3b

Als nächstes ist der letzte Schlag eine Gruppe von drei gleichlangen Noten. Diese werden oft als „1/8-Triolen" bezeichnet.

Beispiel 3c

In einer zusammengesetzten Taktart kann eine Gruppe von drei 1/8-Noten durch vier gleichlange Noten ersetzt werden.

Beispiel 3d

4 = Quartole

Übe dieses Beispiel mit einem Metronom, um dich mit dem unterschiedlichen Feeling vertraut zu machen.

Im folgenden Beispiel ersetzen fünf 1/16 eine Gruppe von vier 1/16. Mach dich zunächst mit dem Klang von Fünfer-Gruppierungen in einem niedrigen Tempo vertraut. Erhöhe dann das Tempo, indem du zu regulären 1/16 wechselst. Quintolen werden in meinem Buch „Filling Time" ausführlicher behandelt.

Beispiel 3e

5 = Quintole

Der letzte Schlag ersetzt eine Standardgruppe von vier 1/16 durch eine Gruppe von sechs gleichlangen Noten. Beachte, dass dieses Beispiel sowohl aus 1/16- als auch aus 1/8-Noten besteht - alle addieren sich zu sechs 1/16-Noten auf.

Beispiel 3f

6 = Sextole

Die Sextole ist wie das frühere Triolen-Beispiel. Im früheren Beispiel ersetzten Gruppen von 3 Gruppen von 2. In diesem Beispiel ersetzen Gruppen von 6 Gruppen von 4. 1/16-Noten, die so über eine 1/4-Note gruppiert sind, werden allgemein als „1/16-Triolen" bezeichnet.

Septolen sind selten, aber es ist hilfreich zu wissen, dass die gleichen Prinzipien gelten. Hier nehmen sieben Schläge den gleichen Zeitraum ein wie ein regulärer 1/4-Schlag.

Beispiel 3g

7 = Septole

Man kann N-Tolen mit größeren Zahlengruppen begegnen. Wichtig zu erkennen ist, *wie viele Schläge die N-Tolen-Gruppe überspannt.*

Die obigen Beispiele sind alle über **einen** Schlag zu spielen - eine 1/4-Note oder im zusammengesetzten Takt eine punktierte 1/4.

Diese Technik kann auch über andere Notenwerte angewendet werden. Hier ist ein Beispiel mit „1/4-Triolen":

Beispiel 3h

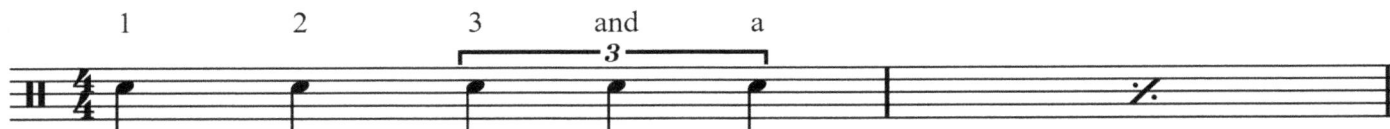

Die obige Triolen-Gruppierung erstreckt sich über *zwei* Schläge - Schläge **3** und **4.**

Bei 60 bpm:

Jede 1/4-Note hat die Länge von 1 Sekunde

Jede halbe Note hat die Länge von 2 Sekunden

*Jede 1/4-Triole hat die Länge von 0,6666 Sekunden (1 Drittel von **2** Sekunden).*

In einigen Fällen können N-Tolen den Taktstrich in der Mitte des Taktes kreuzen.

Beispiel 3i

N-Tolen-Pausen

Die gleichen Regeln gelten bei der Verwendung von Pausen in N-Tolen-Gruppen. Hier ist ein Beispiel mit Quintolen.

Die 1/16-Pause markiert den dritten Teil der Quintole:

Beispiel 3j

Die 1/8-Pause stellt den zweiten und dritten Teil der Quintole dar:

Beispiel 3j (gleicher Rhythmus)

Die untenstehende 1/4-Pause weist uns an, für die ersten vier Teile der Quintole zu pausieren, dann den fünften Teil zu spielen. Dies ist ein recht komplexes Beispiel und wird nur gezeigt, um die Verwendung von Pausen innerhalb von N-Tolen-Gruppierungen zu veranschaulichen:

Beispiel 3k

Symbole für offene Hi-Hat

Offene Hi-Hats können auf verschiedene Weise notiert werden. Üblich ist die Verwendung eines „O" über dem notierten Hi-Hat-Symbol. Dies wird manchmal von einem kurzen Strich begleitet, der einem Haltebogen ähnelt. Die Anweisung ist, die offene Hi-Hat für die Länge des Striches zu spielen. In anderen Fällen wird das „X" einfach durch ein „O" ersetzt, um eine offene Hi-Hat anzuzeigen.

Manchmal siehst du ein zusätzliches Symbol für das Hi-Hat-Pedal unter dem Notensystem, das anzeigt, wann die Hi-Hat geschlossen werden muss.

Beispiel 31

Ghost-Notes

Als *Ghost Note* bezeichnet man das extrem sanfte Spielen auf einer Trommel. Das Ziel ist es, einen Ton zu spielen, der im Vergleich zu einem normalen Schlag kaum wahrnehmbar ist. In den meisten Fällen wird dies auf der Snare gemacht, da sie über eine große Bandbreite an dynamischen Möglichkeiten verfügt.

Hier ist ein Rhythmus mit Ghost Note auf der Snare. Sie werden notiert, indem man Klammern - „( )" - um den Notenkopf setzt.

Beispiel 3m

Halftime

Begriffe wie *Puls* sind sehr subjektiv. Der *Puls* bezieht sich in der Regel darauf, wo du mit dem Fuß tippen könntest.

Nimm dieses Beispiel:

Beispiel 3n

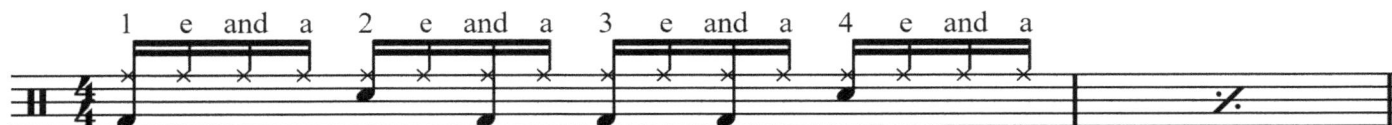

Und jetzt in Halftime:

Beispiel 3o

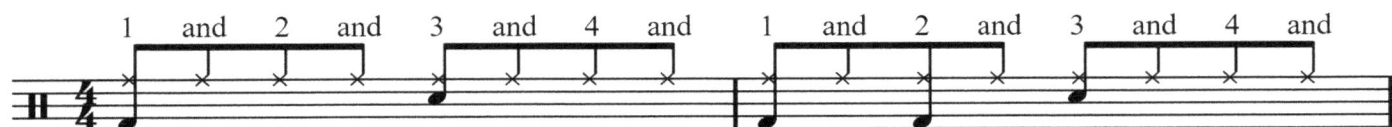

Der Unterschied ist offensichtlich. Während es eine gewisse Ähnlichkeit in der Organisation des Taktes gibt, wird er anders *gezählt*. Das Zählen mit einem Metronom wird den Unterschied zu den vorherigen Beispielen verdeutlichen.

Wir sind mit dem Spielen von Backbeat auf der Snare auf 2 und 4 im 4/4-Takt vertraut.

In diesem Halftime-Beispiel landet die Snare stattdessen auf Schlag 3. Dies ist eine ziemlich verbreitete Technik und wird in Popsongs, besonders in Dubstep, häufig verwendet, um das Feeling zu verändern. Es kann so klingen, als ob der Puls von jeder 1/4-Note bis zu jeder halben Note wechselt.

Halftime ist ein Begriff, der für das Schlagzeug viel mehr gilt als für jedes andere Instrument.

Flams

Flams sind das Äquivalent auf dem Schlagzeug zum Hinzufügen eines Vorschlags zu einem Schlag. Wir nehmen einen normalen Schlag und spielen eine Note mit geringerer Lautstärke davor.

Dieses Beispiel zeigt einen rechtshändigen Schlag auf der Snare, dem ein linkshändiger Vorschlag *vorausgeht*. Das gibt uns einen *Rechtshänder-Flam*:

Beispiel 3p

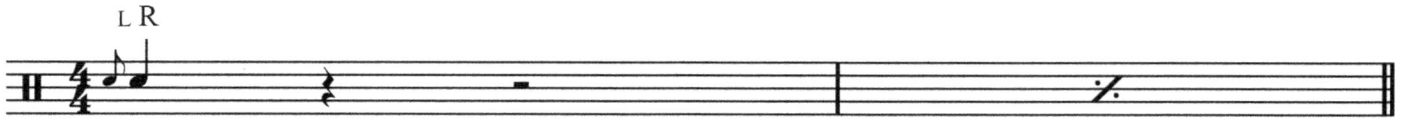

Flams sollten wie *ein verstärkter Schlag* klingen und nicht wie zwei rhythmisch getrennte Noten.

Drags

Drags sind zwei Noten zusammen. Oftmals werden sie als Doppelschlag gespielt. Hier ist ein Beispiel für einen Drag, der in einem Beat verwendet wird:

Beispiel 3q

Die beiden Schläge der linken Hand werden kurz vor der folgenden Passage von 1/16-Noten gespielt, um eine Art Vorschlag mit geringerer Lautstärke zu erzeugen. Dies ist eine Art, den Drag so zu phrasieren, dass er die folgende Note verbreitert - ähnlich wie es ein Flam tut.

Manchmal sollen Drags mit einem definierten rhythmischen Wert - in diesem Fall 1/32-Noten - gespielt werden. Das folgende Pattern ist so notiert.

Beispiel 3r

Möglicherweise hörst du auch, dass Drags als „Ruffs" bezeichnet werden.

Drei-Noten-Drags

Drei-Noten-Drags sind genau das, was der Name sagt. In einigen Fällen wird ein Sticking angegeben. Wenn kein Sticking angegeben ist, kannst du deine eigenen Variationen verwenden. Auch diese Technik wird manchmal als „Ruff" bezeichnet.

Verkürzte Notation

Aus Gründen der Bequemlichkeit werden oft Abkürzungen verwendet, insbesondere bei der Arbeit mit Rudiments.

Die folgenden Beispiele zeigen zwei Möglichkeiten, das gleiche Pattern zu notieren.

1)

2)

Untersuche den letzten Takt des ersten Beispiels. Sie enthält eine punktierte 1/4-Note, die mit einem Haltebogen an eine 1/8-Note auf dem „und" von Schlag 2 gebunden ist. Diese 1/4-Note hat ebenfalls *zwei* Linien durch sie hindurch - ähnlich wie die beiden Fähnchen einer 1/16-Note. Dies sagt uns, dass wir 1/16-Noten für die Dauer eine punktierten 1/4 spielen sollen und dann auf einer 1/8-Note enden sollen. Beginne mit der rechten Hand und ende mit der linken Hand.

Dieser Wirbel enthält insgesamt sieben Schläge. Wenn du mit Rudiments vertraut bist, kennst du den *7-Stroke-Roll* - eine Serie von drei Doppelschlägen, gefolgt von einem akzentuierten Einzelschlag.

Du kannst den 7-Stroke-Roll sowohl „offen" als auch „geschlossen" spielen. „Offen" ist, wenn wir saubere hörbare Schläge spielen, wie im obigen Beispiel der 1/16-Note.

„Geschlossen" ist, wenn wir jeden Doppelschlag als Presswirbel spielen. Ein Presswirbel/Buzz-Roll ist ein „Multiple Bounce Roll", der durch vorsichtiges Drücken des Sticks auf das Trommelfell erzeugt wird, um viele schnelle Noten für jeden Schlag zu erzeugen.

Eine solche Notation wird beim Spielen von Schlagzeug-Rudiments sehr häufig verwendet, da sie ein komplettes Stück auf einen Blick viel leichter lesbar macht. Du kannst ihr auch in der Schlagzeugnotation begegnen.

Doppelt punktierte Noten

Es wird dich freuen zu hören, dass doppelt punktierte Noten in der Schlagzeugnotation nicht üblich sind!

Wie du weißt, fügt ein Punkt die Hälfte des ursprünglichen Notenwertes hinzu. Ein doppelter Punkt fügt ein zusätzliches Viertel des ursprünglichen Notenwertes hinzu.

Hier ist ein Beispiel mit einer doppelt punktierten 1/4-Note.

Zuerst fügst du die Hälfte des ursprünglichen Notenwertes hinzu (+ 1/8-Note)

Dann addierst du 1/4 des ursprünglichen Notenwertes (+ 1/16-Note)

Die resultierende Note hat die Länge von *sieben* 1/16-Noten:

Beispiel 3s

Es ist üblicher, doppelt punktierte Rhythmen mit Haltebögen zu notieren.

Bindebögen vs. Haltebögen

Im ersten Takt sehen wir einen Bindebogen von einer Note zur anderen. Der zweite Takt zeigt einen Haltebogen.

Bindebögen werden bei Instrumenten mit definierbarer Tonhöhe verwendet, um anzuzeigen, dass eine Note ohne Unterbrechung in die nächste Note gespielt werden soll (Legato). Bei Streichinstrumenten wird diese Note manchmal als Slide gespielt.

Haltebögen sehen ähnlich wie Bindebögen aus, aber sie *verbinden* rhythmisch zwei Töne gleicher Tonhöhe miteinander.

Bindebögen kommen in der Schlagzeugnotation nicht vor, aber es ist hilfreich, den Unterschied zu kennen.

Staccato

Staccato ist ein Wort für eine sehr kurze Note. Manchmal kann es vorkommen, dass du einen Punkt über einem Notenkopf siehst. Dies zeigt an, dass die Note „staccato" gespielt werden soll.

In diesem Beispiel kannst du das Crash-Becken festhalten, um den Klang zu verkürzen.

Akzente

Akzente sind in der Schlagzeugnotation weit verbreitet und werden durch ein „>" dargestellt. Akzente sollten in der Lautstärke deutlich lauter sein als ein normaler Schlag.

Doppelte Taktstriche

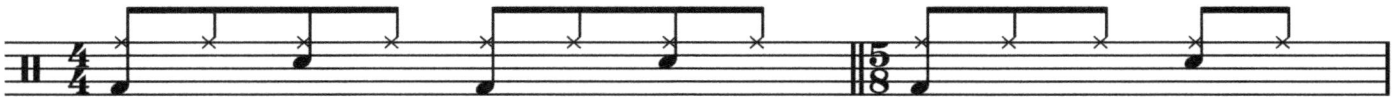

Doppelte Taktstriche zeigen eine Veränderung in der Musik an. Dies kann eine andere Taktart oder auch nur ein anderer Abschnitt in einem langen Stück sein. Sie werden in diesem Buch am Ende jedes Beispiels verwendet. In diesem Beispiel werden sie verwendet, bevor eine Taktart in **5/8** wechselt.

Wiederholungszeichen

Wiederholungszeichen sind ein nützlicher Weg, um den Interpreten anzuweisen, die vorherigen Passagen zu wiederholen. Wenn du diese Symbole am Anfang und Ende eines Abschnitts findest, solltest du den Teil dazwischen wiederholen. Solltest du *nur* auf das „Ende"-Wiederholungszeichen stoßen, dann wiederhole alles vom Anfang des ganzen Stückes oder des letzten doppelten Taktstrichs an.

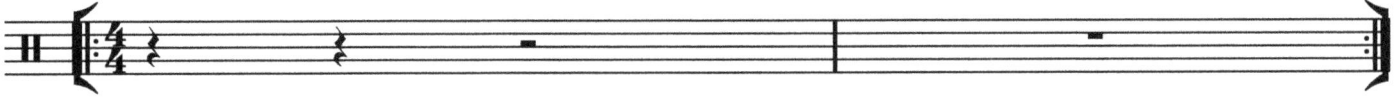

Simile-Zeichen („Faulenzer")

Auch Simile-Zeichen („Faulenzer") sind Wiederholungszeichen. Sie sparen Zeit beim Schreiben langer Musikstücke. Bisher sind dir in vielen Beispielen 1-Takt-Wiederholungszeichen (%) begegnet. Die untenstehenden Symbole weisen uns darauf hin, dass wir die vorherigen *beiden* Takte wiederholen müssen.

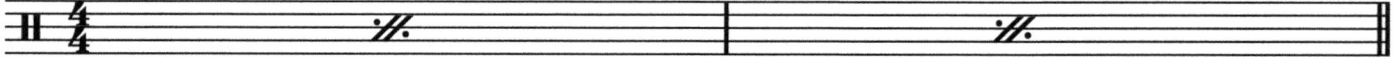

Beachte die zusätzliche Zeile im Wiederholungszeichen.

Voltenklammern

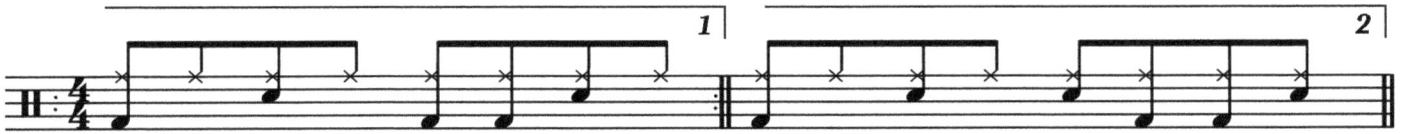

Voltenklammern (auch Klammer oder Haus) sind über dem Notensystem geschrieben und zeigen an, dass eine wiederholte Passage ein anderes Ende hat. Die „1" wird über dem notierten ersten Ende geschrieben.

Die obige Notation zeigt, dass wir das Stück durchspielen und das erste Ende wie geschrieben spielen sollen. Dann müssen wir die Passage wiederholen und stattdessen das notierte zweite Ende (2) spielen. Voltenklammern ersparen es, lange gleiche Teile mit nur wenigen unterschiedlichen Noten am Ende auszuschreiben.

Coda

Das „Coda"-Symbol (Ziel) wird in wiederholten Passagen verwendet, um dem Interpreten mitzuteilen, wann er zu einer anderen Sequenz springen soll. Dies könnte zum Beispiel ein Ende sein. Das Stück kann einmal durchgespielt werden und dann bis zur Coda wiederholt werden, wobei das Spiel beim *nächsten* Coda-Zeichen wieder aufgenommen wird.

D.C.

„DC" ist das Symbol für „Da Capo", was wörtlich übersetzt *von Anfang an* bedeutet.

„Da Capo *al fine*" sagt dem Interpreten, dass er vom Anfang bis zum Ende wiederholen soll.

„Da Capo *al coda*" sagt dem Interpreten, er solle vom Anfang bis zur Coda wiederholen und dann zur zweiten Coda springen.

Charts, Partituren, Road Maps und Hits

Session-Drummer, sowohl live als auch im Studio, erhalten oft eine schriftliche Musiknotation, die ihnen als Leitfaden dient. Diese Leitfäden werden manchmal mit verschiedenen Namen bezeichnet: *Partitur*, *Chart*, *Road Maps* oder *Hits* sind nur einige davon.

In bestimmten Situationen wirst du aufgefordert, ein Pattern Note für Note zu spielen. Bei anderen Gelegenheiten wird man vielleicht einen grundlegenden Schlagzeugpart erhalten und gebeten, um diesen herum zu improvisieren. In anderen Situationen, wie z.B. bei einem Jazz-Gig, erhältst du möglicherweise nur eine Tabelle mit den aufgeschriebenen *Hits*.

Hits werden normalerweise auf eine Zeile oder über das Notensystem geschrieben. Hier ist ein typisches Beispiel:

Beachte, dass keine spezifischen Trommeln angegeben sind. Dem Schlagzeuger wird lediglich der Rhythmus vorgegeben. Über dem letzten „Hit" steht ein Akzent. Dieser Hit soll mit höherer Lautstärke gespielt werden. Auf einem Schlagzeug kann dies so arrangiert werden, wie du es am musikalischsten und geeignetsten hältst.

Die meisten Drum-Charts enthalten eine Mischung aus Hits und geschriebenen Parts.

Lass uns nun das, was du in diesem Kapitel gelernt hast, in einem Musikstück zusammenfassen!

Revision 3

Beispiel 3t (80 bpm)

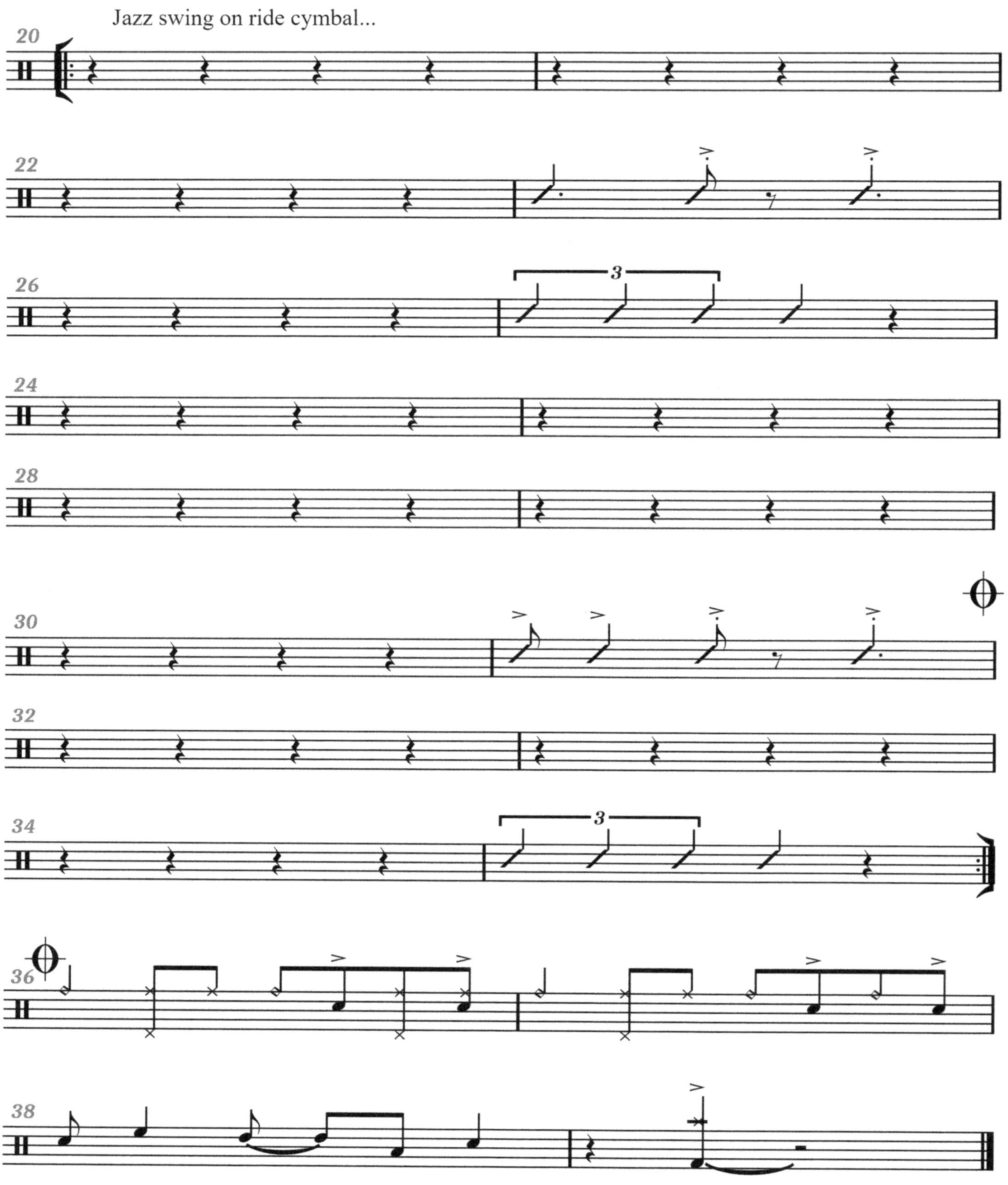
Jazz swing on ride cymbal...
20
22
26
24
28
30
32
34
36
38

Revision 3 Anleitung

Takt 1-2: Im 4/4. Wiederhole die ersten 2 Takte.

Takt 3-6: In 7/8. Spiele das 1. Ende, dann die Takte 3, 4, 5 & 7 (zweites Ende).

Takt 10-11: Wiederhole die vorherigen 2 Takte in 9/8 (durch **zwei** Linien im Simile-Zeichen dargestellt).

Takt 15: In 3/4. Rudiment-Notation. Geschlossener Wirbel wird als 1/32 notiert (drei Linien auf punktierter 1/4-Note)

Takt 16: Änderung der bpm auf 180. Swing in mittlerem Tempo. Spiele jede 1/8-Note im Swing.

Takt 19: 1/8-Triolen über vier 1/4-Noten notiert.

Takt 20-23: Jazz-Time auf dem Ride-Becken. Die Improvisation liegt hier im Ermessen des Spielers. Schläge in Takt 23 werden vom Schlagzeuger akzentuiert.

Takt 24-27: Fahre mit dem Swing-Feeling fort. Schläge in Takt 27, bestehend aus „1/4-Triolen" (drei 1/4-Noten, die der Dauer der Schläge 1 und 2 angepasst sind).

Takt 32: Coda. Vorerst nicht gespielt.

Takt 35: Das Wiederholungszeichen bringt uns zu Takt 20 zurück. Spiele bis zur Coda.

Takt 32: Diesmal springen wir in die Coda bei Takt 36 und spielen bis zum Ende des Stückes.

Wie man Schlagzeug-Parts per Hand aufschreibt

Es ist eine gute Übung, die Schlagzeug-Parts per Hand auszuschreiben. Es ist auch eine gute Möglichkeit, sich neue Ideen zu merken, die du vielleicht entwickelst. Das Erlernen des Notenschreibens hilft bei der Lesegeschwindigkeit und Notenpapier kann in den meisten Schreibwarengeschäften gekauft oder zu Hause über das Internet ausgedruckt werden.

Beginne mit einem leeren Notensystem:

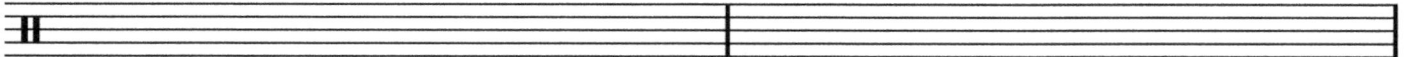

Füge nun die entsprechende Taktangabe hinzu:

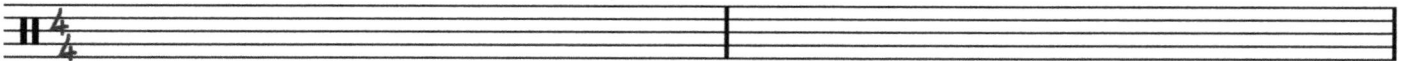

Wir notieren einen einfachen 4/4-Drumbeat und beginnen mit den 1/4-Noten auf der Hi-Hat. Teile den Takt gleichmäßig in vier Schläge auf:

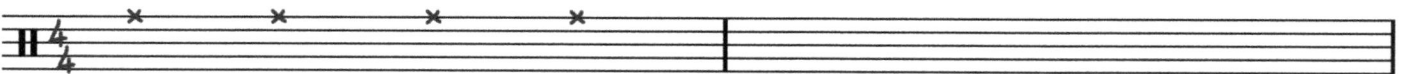

Als nächstes werden wir „Fill-Ins" für ein grundlegendes 1/8-Notenmuster hinzufügen:

(Keine Sorge, wenn deine ersten Versuche ungleichmäßig und schlecht gekritzelt sind!)

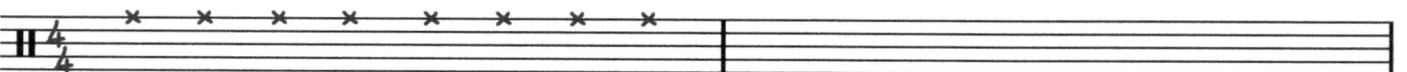

Nun setzt du die Trommelnoten auf das Notensystem, wo du sie haben willst. Achte darauf, wo die Noten in Bezug auf den Hi-Hat-Part landen sollen.

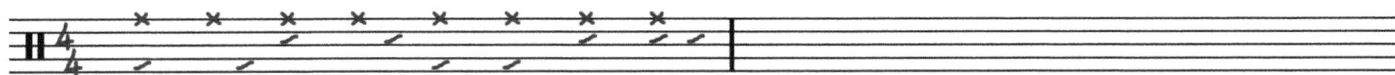

Ich habe einfache Striche statt voller runder Notenköpfe verwendet.

Jetzt fügen wir jeder Note einige grundlegende Hälse hinzu. Jeder Hals sollte etwa an der gleichen Stelle oberhalb des Notensystems enden.

Achte darauf, dass die Hälse die Notenköpfe nicht ganz erreichen. Beim Lesen wirst du feststellen, dass du es nicht immer brauchst, dass der Hals bis zum Notenkopf geht, wie es bei der meisten gedruckten Notation der Fall ist.

Da ich kleine Striche für die Notenköpfe verwendet habe, kann man durch die Trennung von den Hälsen jede Note leichter identifizieren.

Als nächstes können wir durch die Gruppierung der Hälse nun den richtigen Rhythmus auf jedem Schlag notieren:

Achte darauf, die Notenwerte korrekt zu schreiben, einschließlich der sich verbindenden 1/16-Noten-Fähnchen.

Natürlich sieht das nicht so wie ein typischer erster Versuch aus, aber mit etwas Vertrautheit und Übung kann man eine saubere und lesbare Schlagzeugnotation erstellen.

Das Ausschreiben von Schlagzeug-Parts ist nicht nur praktisch, sondern hilft auch, deine Lesefähigkeiten und -schnelligkeit zu verbessern. Du kannst handgeschriebene Noten verwenden, um das Lernen neuer Lieder zu erleichtern. Du musst nicht einmal den gesamten Schlagzeug-Part transkribieren, sondern kannst stattdessen Register, Hits und wichtige Abschnitte notieren. Die Noten können während der Aufführung leicht angeschaut werden, um sich bei Bedarf schnell daran zu erinnern.

Gut geschulte Lese- und Schreibfähigkeiten werden dir für immer erhalten bleiben, so dass es sich lohnt, jetzt die harte Arbeit zu leisten. Genieße dein neu erworbenes Können!

Fazit

Der Schlüssel zu schnellem und geübtem Lesen ist Vertrautheit und Übung. Um deine Fähigkeiten zu verbessern, ist es wichtig, Zeit damit zu verbringen, Übungen zu wiederholen, bis sie ganz natürlich werden. Das Lesen der Schlagzeugnotation ist nicht anders als das Lesen von Wörtern von einer Seite und mit der Zeit wird es für dich genauso selbstverständlich werden.

Gruppen von Notenköpfen werden beginnen, die gleiche Bedeutung wie geschriebene Wörter anzunehmen. Es ist die Fähigkeit, große Rhythmusparts in mundgerechten Stücken zu erkennen, die der Schlüssel zum leichten Lesen großer Passagen geschriebener Musik ist.

Nimm dir bei jeder Übung Zeit und achte genau auf die Details; von der Notenlinie, über den Kopf bis zum Wert des Fähnchens. Dies, kombiniert mit dem physischen Spielen der Patterns auf dem Schlagzeug, wird dich auf deinen Weg zu einem versierten Leser und gefragten Schlagzeuger bringen.

Viel Glück und viel Spaß!

Kev

Weiterführende Lektüre

Im Folgenden sind einige empfohlene Bücher, die Rhythmus, Technik und Schlagzeugnotation entwickeln. Einige sind nur für die Snare Drum geschrieben, andere sind für Spieler gedacht, die auf dem ganzen Set spielen.

'Progressive Steps to Syncopation for the Modern Drummer' von Ted Reed

'The All-American Drummer' von Charley Wilcoxon

'The New Breed' von Gary Chester

'Advanced Funk Studies' von Rick Latham

'Master Studies' von Joe Morello

'Advanced Techniques for the Modern Drummer' von Jim Chapin

'Stick Control' von George Lawrence Stone

Über den Autor

Mit über 20 Jahren Erfahrung in der Musikindustrie spielt und unterrichtet Kev O'Shea in ganz Irland und weltweit. Nach seinem Jazz-Studium an der renommierten Newpark Music School in Dublin hat er eine erfolgreiche Karriere als gefragter Schlagzeuger sowohl live als auch im Studio gemacht.

Mit vielen Jahren ausgedehnter Tourneen in Europa, Amerika und dem Mittleren Osten bringt Kev seine Expertise auf seiner eigenen Website www.KevOShea.com ein, auf der er **Dort** Unterricht, Tipps & nützliche Infos für Schlagzeugerkollegen anbietet.